D1665495

Santos Domínguez Ramos

Las provincias del frío

Santos Domínguez Ramos

Las provincias del frío

VIII PREMIO DE POESÍA ELADIO CABAÑERO

algaida

Área de Cultura

El libro *Las provincias del frío* de
Santos Domínguez Ramos, resultó
ganador del VIII Premio de Poesía
Eladio Cabañero, que fue convocado
por el Excelentísimo Ayuntamiento
de Tomelloso y patrocinado por la
Caja de Castilla-La Mancha.

Obra Social
y Cultural

Fotografía del autor: Rosalía Ruiz

© Santos Domínguez Ramos, 2006
© Algaida Editores, 2006
Avda. San Francisco Javier 22
41018 Sevilla
Teléfono 95 465 23 11. Telefax 95 465 62 54
Composición: Grupo Anaya
ISBN: 84-8433-770-7
Depósito legal: M-11.203-2006
Impresión: Huertas I.G. (Madrid)

Los autores son actores, los libros son teatros.

(Wallace Stevens)

El lector, un paisaje

A veces el paisaje
es poco más que un animal cansado.
(Javier Rodríguez Marcos)

El lector se levanta para ver la fatiga vegetal del paisaje,
triste como los lunes en los parques zoológicos.

Por el aire sin curvas de las constelaciones
llega la hora serena de la luz más profunda.

Fuera canta el invierno
con agujas de escarcha, con las lentas agujas
del final de la tarde.

Las parameras tristes, los álamos del río...
Los heraldos del frío galopan en el viento.

Fuera canta el invierno
su blanca melodía helada entre los pinos,
su salmodia aterida de minutos y nieve
que sube por los arcos nublados de los montes
donde el cuarzo ejercita, con su brillo más duro,
la forma de memoria que llamamos olvido.

Cuando el perro adivina la muerte tras la niebla
y ventea la humedad gris y fría del cercado,
el lector se levanta para mirarse él mismo
contra el cristal.
     Y ahora
sus ojos ya no miran.

La tarde le devuelve
su imagen sobre el frío incendio del crepúsculo
en un bosque extranjero que no dice su nombre.

Y el lector ya no sabe
si la dudosa lágrima que cae por el cristal
es suya o del paisaje.

Paul Celan y los trenes

Negra leche del alba, te bebemos de noche.
(P. Celan)

Cuando oscurece escribe.
Apoya en la mejilla una mano delgada,
entorna la mirada y recuerda los trenes,
las frías estaciones contra el amanecer,
su cuchillo de luna.

Y oye pasar los trenes por esas estaciones
de viento y pesadilla, llenas de charcos negros,
de carbonilla y nieve y de niños sentados
sobre un suelo con barro y andrajos de colores.

Escribe desde un puerto. Sólo cuando anochece,
cerca del Ponto Euxino, donde Ovidio purgaba
con la hiel del destierro sus días disipados.

Centroeuropa era una amapola raquítica,
una niña muy pálida con los ojos abiertos,
con los ojos marinos y opacos de los muertos.

Espera a que oscurezca.
Oye silbar los trenes
y recuerda otros ojos mirando estupefactos
entre dos tablas tristes por las que entra la noche
con un soplo de escarcha en aquel barracón.
El fantasma del frío va recorriendo Europa.

Un humo que confunde la noche y la venganza
ha quedado flotando en el ciego holocausto
de los violines rotos sobre un campo de ortigas.

Cuando oscurece escribe
y adivina un futuro no mejor que el pasado.
Es un superviviente y arrastra la profunda
desolación del ghetto, la tristeza de un cielo
plomizamente agrio y alguna hebra de sol
por las turbias regiones heladas de la muerte.

Una patria de piedra, una patria nocturna,
una patria de nada y una rosa de nadie
ahora que ya la lengua, esa última patria,
es la más humillante: la lengua del verdugo.

Crece el escalofrío.
Ya ha decidido irse. Ha elegido el momento.
Será cuando oscurezca, como ahora, cuando escribe
sobre la luz más dura del invierno en Tubinga.
Como ahora, cuando escribe, después de oscurecido,
sólo para orientarse entre tanta tiniebla.

Fin de viaje

Una cinta de asfalto al borde del abismo.
(Virginia Woolf)

Es su última hora. La llaman desde un lago,
desde el fondo sombrío y pleno de los ríos
helados. Desde las subterráneas
raíces de los olmos que esperan sus cenizas.

Es su última hora
infeliz. Se ha llenado
de piedras los bolsillos y se ha ido
caminando despacio con la mirada ausente,
ya con la mente en blanco en busca de las aguas.

Había escuchado voces y obedece al reclamo
atávico del agua
materna, de la tibia
agua nutricia y densa.

Ha ido
hundiéndose despacio bajo las aguas verdes
y agrias como las verdes
manzanas que ofrecía en el Támesis
la vieja vendedora que había naufragado
en un bote abisal cuando la gran helada.

El agua y las palabras desbordan la frontera:
penetran las regiones secretas de la vida.
Por eso la han sacado con los ojos abiertos
y se ha visto en el fondo de esos ojos tan líquidos
otro fondo: un paisaje de alamedas y acanto
por los que aún se escapa la sombra de algún pez.

Robert Walser bajo la nieve

La felicidad no es un buen material para el escritor.
(Robert Walser)

Cincuenta y seis. Diciembre. No estaba entre las flores.
La nieve ha ido enterrando
un cuerpo triste. Estaba debajo de un abeto.
Lo vieron unos niños que corrían por el parque.

No estaba entre las flores. El dueño de ese cuerpo
vivía en Herisau. Un frío manicomio
era desde hacía mucho su defensa ante el mundo.
Se bajó de la vida. Se había internado él mismo,
marginado, indigente, y en su desistimiento
nos hacía señales
urgentes con espejos que herían y deslumbraban.

En Berlín había escrito sus textos más hermosos,
puros como el discurso de un loco en un paseo.
Eran páginas lúcidas urdidas lentamente
(las palabras son suyas)
con la calma que tiene la fruta en el manzano.

No quería dejarse empapar por la lluvia
del esfuerzo que obtiene hipocresías pequeñas.
Escritor, mayordomo, caminante en lo oscuro,
cuando escribe se ausenta de sí mismo en un bosque.

Era una de esas noches para salir huyendo:
la Navidad hería al solo y por la tierra
corrían los helados arroyos del recuerdo.

No estaba entre las flores. Yo estaba ya en el mundo
y lo ignoraba todo, como ignora la nieve
sus regiones altísimas de frío y de silencio,
su piadosa misión de enterrar aquel cuerpo.

Lear bajo la tormenta

Blow, winds and crack your cheeks.
(Shakespeare)

Sobrevuelan los buitres mi ceguera de nieve.
Ladran los perros. Anda
despierta la mentira mientras la esquirla afila
su venganza agudísima por mis ojos nublados
y sube la gangrena y muerde la conciencia.

Como una penitencia, un erial pedregoso
abona mi osamenta y nutre la morada
flor antigua y sin savia de los días pasados.
Leve flor sin raíces, ni color ni perfume
que deshoja su lento tránsito de minutos
sobre el desconcertado esqueleto del perro.

Una luz boreal, más débil que mi sangre,
entristece mi reino y por las caracolas
se despeña el aullido del arrepentimiento.

El mundo se ha incendiado como un árbol podrido
que ofrece al rayo un torpe fantasma de vigilias,
el espectro dudoso de su sola orfandad.

Yo he prendido esa mecha.
Es justo que ahora purgue mi error y mi soberbia
con este caminar sin curvas ni horizonte,
por este espacio ancho, como de última aurora,
con simiente de lobo y lengua de serpiente.

Ah, mis ojos cegados en la noche confusa
de la víspera, oh turbio eclipse del sentido,
duro como la tierra yerma por la que vago.

Recién desembarcado en la desolación,
un helado anticipo de largo escalofrío
quebrará la mañana con su silencio blanco.

Entonces será el buitre y el colmillo del perro,
la carroña, el pantano, la lechuza en las torres.

Nocturno en Elsinore

In my mind's eye.
(Shakespeare)

Como un Dios extranjero que minuciosamente
practicase el expolio armado de injusticia,
ejecutase lluvias, invadiese las costas
o incendiase sembrados con pedernales negros,
el tiempo entra en nosotros con cadencia de sombras
y sella por las torres su silencio de musgo,
un opaco silencio desolado de almena
recortada en el fondo mineral de la noche.

Contra el telón de estrellas un bando de palomas
ilumina el espacio con rumor de banderas
y un escorpión de dudas acecha en la colina.

Si no sabe la fuente su cauce de nostalgia
ni su acepción más agria sospecha el amarillo,
¿dónde hallar el camino por el bosque nublado,
su vegetal penumbra sofocante y espesa,
su amargura de bayas, el color del veneno,
sus próximos inviernos de niebla y estertores
que una flauta convoca por las nubes más bajas?

Niebla hacia la niebla

Non los agüeros, los fechos sigamos.
(Juan de Mena)

Pasaban los flamencos con su silencio rojo
por las altas regiones que atraviesan el mar.
Vimos brillar su larga disciplina incendiada
contra el extenso hueco de aquel cielo sin luna.

Rodeadas de turbios agüeros de desgracia,
las naves desplegaban sus velas de salitre,
sus lentas velas negras que crujían propicias
con indicios de llamas y cera y travesías.

Vimos aves siniestras volando por los prados.
Oímos la tarabilla secreta de otras aves.
Alta voló la garza. Fugaz brilló un cometa.
Mantenían los alciones sus nidos en la orilla.

Buscábamos amparo en el seno secreto
de la noche profunda.
Los mástiles temblaban
sobre las curvas naves de brea y latigazos.
Se confundía el secreto latido de las olas
con el quejido sordo del remo contra el agua.

Allí donde la niebla despereza sus brazos,
la luz del centinela, su vigilia cansada,
convoca con señales de fuego y atabales
a los que ya enarbolan su alarma de ballestas.

Ladraban sin heridas los perros de la orilla.
Tormentas y crecientes anegaban el vuelo
altísimo de crines y flechas y mesanas,
y el trueno y la lombarda mezclaban su estridencia.

Allí la noche abierta, el confuso extravío,
el erróneo astrolabio y el brillo de la daga
para seguir el vuelo rojo de aquellos pájaros
como las naves, curvos; como la luz, secretos.

Entonces fue la sangre y el canto de Caronte
o el fulgor de las aves que agitaban las alas
sobre las nubes negras que suben de los lagos
infernales y helados en su hora mojada.

Huerto deshecho

¡Mas tú, mas yo, venganzas tan crüeles!
¿Por qué triunfos, jardín?¿Por qué laureles?
(Lope de Vega)

En la vigilia inquieta de truenos y penumbras
una rara impaciencia me ha subido del pecho,
me ha cruzado las sienes igual que un pez caliente.
Se ha posado en la sombra de mi garganta muda.

He llegado a las últimas estancias de mi casa
como un febril sonámbulo, sin nadie y sin certeza.
Y así, agarrado, torpe, a los muros sin cuadros
he palpado la dura oscuridad, la clara
incertidumbre trémula de los tránsitos últimos.

Mis heridas recientes, con la sal del recuerdo
que escuece todavía: Lope Félix, el mozo,
el varón naufragado, precoz para la muerte
cerca de aquella isla que llaman Margarita.

O su sangre o mi ejemplo le inclinaban al verso.
Le advertí del escaso provecho que se saca
con tales ejercicios. Que se fije en su padre,
que tras tantos servicios a los grandes de España,
tiene por triste premio no más que esta mi pobre
casa ya sin cimientos, y, hasta ayer, ¡ay!, un huerto
recoleto, con flores
que llevaban cuidados y traían conceptos.

Rigores de la edad en mi jardín deshecho.
Una tormenta, ¡ay, tristes semejanzas!,

21

lo dejó para siempre en las aguas calientes
que quedan más al sur de la Isla Margarita.
Y otra vez la desgracia duramente rasgaba
mis canas infelices.

Aún me queda el consuelo sereno
de perdonar agravios,
la ingratitud de aquellos que en los días lejanos
buscaban mi presencia y mis sonetos,
para adornarse. Entonces
presumían en la corte
de su amistad con Lope.

Pastoral de otoño
(Con Leopardi)

ed erra l'armonia per questa valle.
(G. Leopardi)

Sentado en una piedra
he aprendido a mirar la tarde con los años,
más allá del paisaje, más allá de los hombres.
La luz dominical de una campana blanca
suena alegre y lejana y viene de la infancia.

Me he asomado al abismo
donde el cuervo levanta la urgencia de su vuelo
con el raudo dibujo de un presagio sin hora.

Con plenitud de mieses
está maduro el grano, en sazón la provincia
boreal de la fruta.

Segado está ya el trigo y lista la serpiente
al espasmo ondulante del ciclo riguroso.
Ya amarillea el hinojo su cruz invertebrada
contra la tarde leve y sus altos silencios
de pájaros azules.
En la base del monte una nube levanta
su columna barroca densa de agua y de luz.

Y están solos los ojos en el final estrecho
de esta tarde de plomo,
de helado plomo bajo y azul sobre las sierras.

El águila abandona su extensa envergadura
a las curvas caudales del viento largo y verde.

Con el canto del cuco
algo dice la tarde que el ojo no comprende
sobre la pesadumbre azul de la genciana,
sobre la persistente fragilidad del lirio,
escuetamente blanco contra la piedra gris,
bajo un ciprés sin nombre.

Y está cautivo el tiempo en los montes que asalta,
jadeante, una aspereza de jaras y cantuesos.
Cautiva la mirada del cielo de otras tardes,
desarmada y cautiva de la luz cereal
en donde ardió la infancia.

Yo no sé si esta tarde regresará otra tarde
con sus canciones verdes y su luz de campana.
Yo la fijo en su frágil vuelo y en la subida
agreste de retamas, en la ruina del arco
acosado de ortigas,
con el viento y la arena que desordena el tiempo.

Las torres de Tubinga

Vuelve alegre el barquero a su sereno río.
(Hölderlin)

No ha llegado la noche, pero yo ya la veo.
Como un pájaro negro, se ha posado en las torres.

No es el ave que vuela por las cumbres del bosque
ni viaja por sus alas el rumor de las fuentes.
Es un vuelo de sombra que borrará los días
como se ha ido borrando mi perfil devastado.

Yo soy, como esa sombra, la sombra de una alondra.
Miro asombrado el mundo esta tarde sin niebla
que apaga mi mirada y oigo el dulce goteo
de la luz en las horas.

Muy Reverendo Padre,
ya sé que en la colina agoniza la garza
y una lenta granada apura su fulgor.

Miro por la ventana el último paisaje.
Esta luz que declina detrás de los tejados,
el humo vegetal de juncos y raíces
a la orilla del Neckar, por los bosques sagrados
de Diotima y los cisnes y los dioses mortíferos.

A lo lejos las islas, las barcas en la orilla,
las madres de los héroes, los ríos subterráneos,
los templos y las puertas de Corinto y Tubinga
y el mar y los caballos por el tiempo dorado
como el sauce y el agua por la tiniebla verde.

Ah, la sombra, la danza, el címbalo del viento
en la montaña, el viento por las jóvenes yeguas.
Pero yo, Scardanelli, humildemente oscuro,
apenas deletreo su alfabeto de vida.

No ha llegado la noche, pero sé que es la última.
Ya el cristal me regala su frágil transparencia.
Santidad, permitidme que contemple en silencio
posarse la alta noche en las torres sin sueño.

Al leer a T. S. Eliot

I

At the violet hour...
(T. S. Eliot)

Segregará la tarde su lenta escarcha dura
sobre el fulgor macabro de la hierba y las hojas
que el otoño fermenta con sus rayos oblicuos.

La sorpresa del frío en la isla apagada.

Con su opaca costumbre de sombras y fogatas
destilará en las fuentes el zumo del helecho,
el veneno del cuarzo por la floresta negra.
Ahí su efusión de muerte, su vértigo de riscos
y su hora sesgada con ángeles y teas
sobre el ala de cuervo del horizonte bajo
de donde son las luces rojas de los fanales
pálidos de los trenes.

Turbio sermón del fuego, salmodia del oscuro.

Como una ponzoñosa neblina amarillenta,
con olores mojados y cortezas con lepra,
subirá de las turbias raíces de los robles
la llamada secreta del musgo y de la ortiga
que alimentan la oscura procesión de sus jugos
cuando estalla la espora por las hojas podridas
en el talco del cráneo o la boca del buey.

Donde el cepo su herrumbre, en los ojos del lobo,
allí las nervaduras reclaman su sustento:
lo que desprecia el buitre y pule la intemperie.

II

Ay del que entonces vele o camine cansado
bajo el frío. Ay del solo
al que el recuerdo empape con un temblor de hogueras
nubladas por la lágrima extensa del viajero
que se ha sentado, póstumo, al borde del camino,
a contemplar el cerco de las luces sin fondo
y a escuchar las gabarras que arrastran sus cadenas,
como una pesadilla, por los mares sin luna.

III

Fluvial baja la rama
hacia un futuro áspero de turbios remolinos.

Se equivocó el efesio. El mar nos la devuelve
igual que nos devuelve el futuro al pasado
por el camino estrecho de la infelicidad.

Sólo al que azota el viento largo de la tristeza
le sirven los recuerdos. El feliz da al presente
sus ofrendas de frutos y flores y semanas.

Por la cíclica noria y el agua circular
van pasado y presente sobre sus cangilones
con el mismo quejido por el agua perdida.

IV

Los que bailaban yacen bajo el cerro
(T.S. Eliot)

Feliz de la serpiente que arrastra su ondulante
anatomía viscosa por la tierra nocturna.
Mineral se acompasa su cansancio reptil
al compás de rutina del reloj de los astros
y al ciclo subterráneo del hongo y el gusano.
Mientras cuenta las largas sílabas del silencio,
su helado corazón de pedernal y luna
ejerce una costumbre de muerte transitoria,
igual que la corteza y las cuencas vacías
su lento simulacro
blanco bajo la nieve.

L. C. contempla el crepúsculo

Y en un molino de nieve
levanto una nevería.
(Luis Cernuda)

Mi memoria de nieve. Sansueña y el olvido
doloroso, la espina en esta luz opaca,
en esta desolada quimera del farero.

Yo miro aquí, acodado
sobre un balcón de escarcha, la tarde de la piedra:
sus cristales con fuego y nombres de muchachos
alegres e inconscientes. Su moreno desnudo,
la pirámide lúbrica de sus muslos de arena ,
el ruiseñor que vuela sobre sus cuerpos jóvenes.

Sobre este soliloquio desciende la pereza
de un tiempo sin transcurso que el viento helado orea.

Y veo llegar la muerte
por esta leve orilla de hielo y primavera,
por esta cercanía austral de la serpiente,
por donde va ganando,
con su torpe guadaña, las provincias del frío.

Atardecer en Praga

¿Vivo en el otro mundo? ¿Me atrevo a decirlo?
(Kafka)

Ajeno como el agua que rezuma el tejado,
bajo al mundo en el pulso de un estertor de sangre.
Por las últimas márgenes de esta existencia muda
voy a los arrabales turbios de la ciudad.

El humo es un reguero que arrastra por la acera
su lentitud viscosa,
la humedad apagada de sus desolaciones.

Las farolas tiritan por los puentes de Praga.
Es la hora del silencio en la calle empinada
y ya nadie nos salva.
Nadie. Ni este reino de nieve
ni aquel sol de la infancia donde ardía un candelabro.

Un cielo indiferente
clava su lluvia negra sobre la piedra antigua
mientras voy descifrando,
bajo la luz cansada de los atardeceres,
el ciego palimpsesto de la vida.

El humo de las rosas

Bajo el cuajado incendio poderoso
que el viento amoratado apaga con su sombra.
(Joan Vinyoli)

Al principio hay un mapa
de vientos y una rosa
incompleta, la rosa
cerrada del futuro.

Como un jinete herido
de tardes y nevadas,
de astros y temporales,
va la nave en los mares indómitos del tiempo
arrastrando en su choque contra el acantilado
el espasmo mojado y blanco del combate.

En las generaciones cósmicas de las olas
flotan restos de remos, viejos
esqueletos de barcos,
indicios de cetáceos y espumas de otros días
en la respiración lunar de las mareas.

Ya su turbia trompeta ha tocado el heraldo
cobarde de la muerte.

Y se ha quedado el mundo vacío y silencioso,
igual que un galeón en su fondo abisal,
donde la luz más fría de la muerte más verde,
reserva para nadie su avaricia estragada,
el cofre con monedas que el tiempo ha derrotado.

Y se ha quedado el mundo vacío y silencioso,
igual que una ciudad abandonada
con hondos mechinales y grietas en los muros
tomados por las hierbas venenosas
de los días sin memoria, pues nadie los habita.

Al final hay un mapa de esquinas desoladas,
con sus mares antiguos y una rosa completa.
La rosa de ceniza en la noche del mundo
y el humo de otras rosas que ardían en silencio
por el pulso inconsciente y terrible de un dios.

Estatua en el jardín

Jinete, pasa de largo.
(W. B. Yeats)

Pasa de largo, sí, no mires la ladera,
ni los rostros cambiantes de este aquelarre verde.

Sobre la antigua isla de estatuas cae la lluvia.
Llueve sobre las cruces de piedra, está lloviendo
sobre las hojas muertas del abedul, encima
de la columna rota donde un día hubo palomas.

Llueve sobre los lagos y los días festivos.

Llueve sobre las torres doradas del crepúsculo
y sobre las primeras antorchas de la noche.

Llueve sobre las aves torrenciales que pasan
mientras bordean la elipse con bruma de la tarde,
desertoras de todas las gangrenas del mundo.

Llueve sobre las proporciones del pájaro y los puentes,
sobre el arco y la llama y la rosa secreta.
Llueve sobre las máscaras y el mármol de los rostros
ciegos, sobre las aguas sombrías del molino.

Con la dureza blanca de un lirio entre la hierba
se levanta en la hiedra la armónica estatura
de una estatua de mármol femenino con líquenes.

Allí ha puesto la lluvia sus largos dedos verdes.

Oscura hueste

¡Qué oscura gente y qué encogidos vamos!
(Carlos Barral)

Vienen con sus heridas antiguas y una rama
de olivo milenario, una rama dorada
por el sol del otoño en una tarde antigua
bajo la luz frutal y alta de la colina.

Oscura hueste herida de potros y naufragios,
están donde la infancia,
donde la caracola convoca a la serpiente,
donde la rosa huye y cipreses sin sueño
elevan su estatura de días y trabajos
con el mismo cansancio que un rebaño en la nieve.

Viajaron en silencio por la última secuela de la tarde,
donde la ortiga gana sus ásperas batallas,
por las íntimas y abismales provincias de la sangre,
por valles de silencio
en donde arde la rosa y queda en la mañana
el humo de los sueños, sus fértiles pavesas,
sus pistilos de sombra.

Por los campos del viento que arruina los almendros
un corcel de penumbra atropella su sangre
de tigre y mariposas
y los bueyes cansados de los atardeceres
arrastran su castrada mansedumbre marítima
por un sur de banderas moradas y amarillas.

Si levantáis la vista veréis ya solo el mar
bajo la luz serena de una tarde indecisa,
la rosa convocada en el espacio,
la rosa pasajera que alguien trajo de un sueño.

Lluvia de fuego en Nínive

chacales que el chacal rechazaría.
(Pablo Neruda)

Lleva siglos pasando: las guerras han caído
sobre los esqueletos más pobres de la tierra.
Las vendas del leproso, el cráneo desolado,
la flor elemental, la sandalia pequeña
son su botín de guerra, sus medallas de plomo.

Asesinos de niños, ¿dónde hallará reposo
el espectro sin brazos de los remordimientos?
Que os persiga el sonido helado de sus huesos,
la pobreza metálica de sus tímpanos rotos.
Que sus fantasmas ciegos, por las noches sin luna,
hagan de vuestro insomnio una eterna vigilia
sin torres ni horizontes. Sólo niebla sin puertas.
El páramo del mundo, la sal en los sembrados
y los perros siguiendo vuestro rastro de sangre.

Al borde del camino hay un árbol sin sombra
que espera el peso turbio de vuestros cuerpos muertos.

Extraño en Spoon River

Y así dormí el sueño sin sueños
aquí, en la colina junto al río.
(E. Lee Master)

Ya no recuerdo nada, ni el último verano,
ni el vértigo amarillo al caer del caballo,
ni el súbito estupor de sangre en el oído.

A mis pacientes ojos cerrados va llegando
este humo tan frío de las tardes de invierno,
este humo que convoca en su vuelo modesto
una vieja costumbre de frutos en el fuego.

A orillas de Spoon River, turbio de temporales,
abisal como el tiempo, como la araña insomne
que en los amaneceres destila sobre el vidrio
sus caminos de arena para el reloj del agua,
el topo ha ido cavando sus torpes galerías.

Aquí, donde inventé unas muertes tan vivas,
ya oigo en la tierra negra sus voces solitarias,
el algodón maduro de su tristeza estéril.

Algunas noches suena un violín apagado
y una música blanca con sus fulgores fríos,
como los fuegos fatuos, incendia la memoria.
Un borracho repite la salmodia del cuervo.
Le conozco. Escribía. Pero no sé su nombre.

En esta corrupción de recuerdos y vísceras,
aúlla la noche unánime a la hora del chacal

y un silencio de estrella
proclama la república de unas sombras sin sueño
en la tarde abolida
tras el sudario frío de la niebla de enero.

Ya no recuerdo nada. Ni siquiera mi nombre,
pero sé que otras tardes
ardía el horizonte de pinos y palomas.

Y yo vi aquellas tardes.

La espina de nieve

¿Quién habla de victoria? El resistir lo es todo.
(R. M. Rilke)

La luminosa herida de la rosa del tiempo
no envenena mis sueños, me envenena la sangre
con su espina de nieve, con su fulgor intenso
sobre esta mansedumbre de lago sin orillas.

En los antiguos sotos sagrados de la infancia
florecía mi edad y una flauta de brisa
cantaba por las ramas sin vuelo de los pinos.

Culminación del sueño, corona de rocío
en la convalecencia del pájaro dormido
porque venía del frío y volaba de noche.

Porque venía del frío y volaba de noche
como el ángel terrible que en su música oscura
convocaba pleamares y apagaba la antorcha
del lejano crepúsculo, inquietante y profundo.

Y entonces escuchamos su palabra encendida
desde la selva negra y el ciego promontorio
pues hizo descender la gracia de la lluvia
por el hueco latido furtivo de los bosques
con nubes y druidas, rebaños y centellas.

La oscuridad enfría su cáliz de silencio,
el viejo santuario líquido de la sombra,
en la extensión profunda de un cielo sin hogueras,
ajeno a la serena costumbre de estar vivos,
ajeno a la memoria de un joven dios sin nombre.

Inferno

¡Papé Satán, papé Satán, aleppe!
(Dante)

Hace un frío mojado de légamos espesos.
Sobre el agua de hielo de la laguna Estigia
vuela una garza de humo. Tirita la montaña.

Son muchos y no gimen. Llevan la vista baja.
Con lámparas humildes acuden temblorosos
a la orilla en la ciega noche de las hogueras.
Arrastran las cadenas de sus pasos confusos
por el suelo dudoso de aquella selva turbia.

Perséfone la oscura desata la tiniebla
con sus perros de sombra
en torpe confusión de lenguas y de caras
por el mar invernal de los ahogados.

Alguien que ya se ha ido ha dejado su parvo
patrimonio de hierba, su testamento negro
de lodo y quemaduras.

Lejos brilla la sangre del relámpago, lejos
la tormenta levanta su fronda de ecos mudos.
Los leopardos pasean su vigilia de espantos
por el agazapado confín del horizonte.

Mientras sube una torpe colina incandescente,
una secta desnuda de esclavos del silencio
arrastra la blasfemia circular de la noche
eterna del infierno.

Estela ática

*¿No os asombró, en las estelas áticas, el cuidado
de los gestos humanos?*

(R. M. Rilke)

¿Lo recuerdas, Eurídice?
¿Recuerdas tu vigilia de sangre por la aurora?

Yo había parado el tiempo con la tristeza dulce
de mi lira sin sueño.

Ya habíamos derrotado al veneno, al espasmo
mineral de las rótulas.

Iban quedando atrás las islas del espanto
de un reino tenebroso.
Las fieras nos miraban desde la lejanía
del lago de los muertos.
Por las aves nocturnas
corría el escalofrío de su mirada ausente.

Dame la mano. Mira
cómo brilla la noche callada de los ríos,
cómo nada, intocable, la sombra de los peces
por el secreto centro líquido de la luna.

Dame la mano, Eurídice, y olvida la serpiente.

Escucha cómo suena
el misterio del viento en las altas estrellas;
oye cómo se afina
en los caballos jóvenes su impaciencia de orgasmos,

cómo crece en la hierba la noche de los lirios,
la noche conmovida en su concierto de agua.

Pon tu mano en mi espalda y déjate guiar
por la música oscura de las constelaciones.

No mires todavía.

Ya ha levantado el vuelo el pájaro imposible
que ardía por tus ojos.
Ya se aleja hacia el hielo su llama desolada.

No nos separa el aire ni la impaciencia blanca,
nos separan los tiempos distantes del deseo.

En el bajorrelieve tu frente inalcanzable
no volverá a soñar
la noche de los peces.

Preludio para leer a Wordsworth

And see how dark the backward stream!
(W. Wordsworth)

Mientras oyes al mirlo cereal de las tardes
y zumban las abejas su estrábico aleteo
en las altas colmenas del olvido,
ves levantarse el tiempo como un espejo de humo
sobre las crestas rubias de todos los veranos
o en las lanzas azules de la tarde en la sierra.

Estará donde estuvo: en la estela del río,
en la siesta redonda de los alcaravanes,
en la alucinación del pájaro invisible,
inhóspito en la noche elemental del sapo,
donde insiste su crótalo, su azul tartamudeo
por la humedad del bosque con nubes y campanas.

El veneno amarillo del sol cuando se pone
ha ahogado en el silencio al pájaro y al hombre.

Está el otero en sombra. Cae la tarde de plomo
como cae la simiente de escarcha, lentamente
en los charcos con luna.

En el ángel de niebla que subía por el río,
con su azada de sombra, con su ala de tiniebla.
En la luna tajante de esta noche de invierno,
en el ojo espantado de un caballo de espumas,

Y ese hombre serás tú y vendrán tus palabras
del mundo de los muertos: sin eco y sin consuelo.
en la hora precisa del corazón. Entonces.

Y el paisaje se calla porque tú ya no miras.

Arquitectura del silencio

The apparition of these faces in the crowd;
Petals on a wet, black hough[1].

(E. Pound)

Jardín de Pisa:
la sorpresa de nieve
por las estatuas.

Guarda el otoño
en sus frutos de leña
la luz del monte.

Da la mañana
esta luz del membrillo.
Arriba, el tiempo.

De pronto, el viento.
En un bando de grullas
chilla el invierno.

Por el ocaso,
los ángeles heridos
tiñen los mares

Cierras los ojos:
la arquitectura exacta
de los silencios.

---

[1] La aparición de estas caras entre la multitud; pétalos sobre una húmeda y negra rama. *(En una estación de metro).*

Levanta el vuelo
el viento en los almendros:
la mariposa.

Bajo la máscara
helada de la estepa
silba el invierno.

En los pinares
teje el tiempo su antigua
razón de agujas.

Por las almenas
un vuelo de banderas.
Son los vencejos.

Niebla en el valle.
Fuera canta el invierno
su adagio blanco.

Miente la vida
en las trampas secretas
de la memoria.

Sobre la tierra
cae el silencio de nieve
de las estatuas.

Leyenda de ciertas ropas antiguas

En sus extremidades había la rigidez de la muerte, y
en su rostro, a la moribunda luz del sol, el terror de
algo más poderoso que la muerte.

(Henry James)

El agua las esparce. Flotan, como un recuerdo
de maderas quemadas en los días antiguos,
la seda con brocados, el artificio rojo
que un día nombró el cuello. Las camisas de escarcha
flotan en la laguna. El agua las esparce.

El gondolero insiste con su pértiga torpe,
obscenamente insiste en que desaparezcan
y flotan y se esparcen las ropas, los encajes
como la pesadilla verde y lenta del suicida.

Flores negras cubrían sus fríos ojos grises,
como el mes de septiembre en el mar de Venecia,
como un mar de mercurio donde fermenta el agua.

En los canales turbios,
en ciegos laberintos de dolor, en la lepra
del muro con ladrillos
languidece la hierba venenosa
y en la lenta humedad con musgo de los puentes
la luz dorada y blanca de un teatro barroco.

El fulgor prodigaba la grieta y los cuchillos
en los ácidos frutos del óxido del tiempo.
La médula del hierro, la luz del corazón

la fría huella blanca de los remordimientos
y un silencio nevado que baja por la sangre,
con su antiguo esplendor de terciopelo.

Flotan sobre las aguas podridas de la tarde
en el mar de Venecia,
entre alcanfor y espliego y pétalos de rosa,
baúles que habitaba
la ajada oscuridad de los perfumes,
la materia confusa de la tarde.

Opaco tras la niebla, se pone un sol fantasma
por los palacios blancos, los borbotones negros
del agua y de su ausencia,
en el museo de cera de los gladiolos fríos.

Torpemente le pido al barquero que insista,
y que hunda con sus ropas su recuerdo.
Torpemente le pido a una luz que no existe
que retorne el olvido con la noche piadosa,
con sus caballos locos, con su reloj de sombra.

Que muera su memoria en el incendio
con nieve de la muerte.

Por donde van los pájaros

y el pájaro pretende lo que las aguas vedan.
(F. García Lorca)

Como bandera en ruinas, un alto esparaván
recorre el laberinto del espacio profundo.
Se ha posado en el sueño sin alas del invierno
su inminencia de ortigas, su cansancio ancilar
sobre esta tarde inmóvil en la prisión del frío,
en el turbio estupor blanquísimo del cielo.

Del arrabal del tiempo sube el incesto alto
de los planetas muertos. La luz se ha humedecido
de un olor subterráneo que impacienta a los perros
y esperamos señales que el mundo no concede.

A veces orientado por una voluntad
secreta y locativa, a veces empujado,
sin destino y sin rumbo, a una evasión de rosas,
¿no habita en ese vuelo la cifra de la vida,
el código sin clave de los días del camino?

Fundación de la mentira

Y después que la tierra tiene voz por nosotros
nos quedamos sin ella, con sola el alma grande.
(J. M.ª Valverde)

No fue al principio el verbo: primero fue el silencio,
el pasaje sin nombre de un hombre en el paisaje,
la memoria de un pájaro que no tenía apellido
o el índice extendido hacia el confín del aire.

No fue primero el verbo: primero hubo un vacío
que no ponía su nombre de arcilla sobre el ciervo
ni llamaba a la forma de la pena, ni estaba,
como las desinencias,
en la huida de la nube o el dolor del caballo.

Los cuencos, los racimos, el lobo y las lagunas
fueron inaugurados metalúrgicamente
con signos y alfabetos para pesar las almas
igual que se estrenaban los límites exactos
de la codicia, el número para nombrar al pobre.

Un torpe silabario delimitó los bosques,
el contorno del agua, su habitación de peces,
las estancias en sombra, el punzón de los días,
la luz del calendario sagrado y de los ciclos
que regulan el sueño y nutren las cosechas.

Nadie sabía que entonces sembraba la semilla
de la mentira verde que habita las palabras
y crece bajo tierra y renuncia a la luz

como una flor perversa en la árida llanura
quemada por la sal estéril de los muertos
que alientan en el viento morado de esta noche.

Oficio de tinieblas

La infancia no nos ve,
no se mira al espejo en nuestros ojos.
(Luis Rosales)

Detrás de cada nube perdura un rostro muerto,
igual que persistimos detrás de los espejos
si miramos despacio en el fondo del río,
si escuchamos crecer el árbol de la tarde
en la voz de Satán, que llora sobre el mundo.

Donde duerme la noche lejana del recuerdo
y gira el corazón como un molino lento,
el peregrino ve extinguirse en la niebla
los oscuros heraldos de un rey indiferente.

Y ya no viene nadie a esta torre sin sueño.

El fuego y la rosa

Morir no duele mucho.
Nos duele más la vida.
(Emily Dickinson)

No abrir la boca más. Vivir sin vida
con hielo entre los labios, y que así duelan menos
los puñales morados del silencio.

No caminar jamás por esas calles.
Tal vez equivocada,
perderme por las turbias galerías de la tarde,
por las islas del alma.
Esconder en el cuerpo el cristal de la angustia,
su rosa inapetente, su madurez de abejas.

No bajar de este cuarto.
Tras sus cuatro paredes, con los ojos cerrados,
renunciar a los rostros, vivir en la armonía
de los sonidos verdes que suben del jardín.
Su península azul de cantos y perfumes,
la flor de la oropéndola,
la llama elemental de la campana al alba,
serán mi único anillo en la voz del cansancio.

Dejaré estas palabras
sencillas como un río,
estos lirios humildes dentro de un laberinto,
estos mensajes cortos, este helado epigrama
que convoca al futuro con su flor disecada.

Algún día me traerán una taza de ocaso.
Que la oscura simiente de lluvia y la cibera,
madre de temporales,
invadan el espacio sin luces de la casa.

Quedarán los fragmentos secretos,
el eclipse, la ardilla
y esta nostalgia blanca, ¿de qué? ¿Del corazón?

Compondrán, no metáforas:
una música fría con su porción de noche
donde cante una oscura caracola sin sueño
el enigma primario de la vida,
la incomprensible sencillez del mundo,
su escritura secreta por fin ya descifrada.

Pero aún es el tiempo de que yo me pregunte
si al dejar de vivir morir nos duele menos.

Díptico barroco

Homenaje a Valdés Leal

I

In ictu oculi

> *Tu sombra espera tras de toda luz.*
> (Julio Cortázar)

A veces una foto anula el tiempo. Y luego,
si miramos despacio, ya no reconocemos
el gesto ni los ojos que miran al vacío,
ni los labios sellados como un sepulcro etrusco.

Un flash nos deslumbraba. Su resplandor de nieve
ha helado las miradas, ha congelado el vuelo
del pájaro. Y el viento se ha posado en las ramas,
se ha parado en las hojas como la luz sin curso.

Ahí sigue detenida, en su urna secreta,
prisionera en el filo blanco de los instantes,
la memoria, ese pozo con luna y sanguijuelas.

Pero ya no sabemos qué estábamos pensando,
qué tenaz pez de sombra nos nadaba en la frente,
nos hería el corazón con sus espasmos mudos,
mientras nos disparaban con una vieja cámara.

Con su sigilo antiguo, con su cristal opaco,
nos disparaba el tiempo, no un amigo, y por eso
sabemos que hemos muerto, aunque persista
esta torpe costumbre de creernos aquellos.

Éramos la blanquísima
y frágil flor de almendro en los campos de enero.

Y no somos los mismos.

Afortunadamente.

II

Postrimerías

Vuestro siervo está en manos de la muerte.
(Miguel de Mañara)

Igual que los profetas, has visto tu futuro
en el blanco y el negro de la radiografía,
en la imagen grotesca
de tu cráneo con gafas.

Este junio frutal de mieses y tormentas,
con calma y sin angustia,
te has visto centenario y con presbicia.

Y ante eso no hay clamor.
Hay un cuenco severo que recoge el vacío
en la magra oquedad de sus potencias vanas:
aquí la estimativa, la curva poderosa
que fue brillante y rápida, como estrella fugaz ;
allí la arquitectura frugal y desmedrada
de la imaginativa, donde volaron pájaros.

Desnuda ya de vísceras y párpados
y de otras adherencias y recuerdos,
la monda calavera, la calavera miope
con su fulgor corsario,
regala su sonrisa descarnada,
sus guiños imposibles a un tiempo que no es tuyo
ni de nadie, al pabilo
quemado de la vela.

(¡Ah, la vela que apaga
cada mañana el viento
helado de los muertos!)

Sobre el árbol desnudo del invierno,
se habrá posado un cuervo.

Lo mira fijamente
–no sé si con tristeza–
desde la balaustrada serena de su edad
el ángel imperfecto que habita el porvenir.

El caballero y la muerte

> *Mientras allá abajo, en el camino, el perro que con-*
> *funde el trueno de la guerra con el trueno de la tor-*
> *menta sigue y sigue entablando otra guerra en la*
> *que el caballero confunde el ladrido de la muerte*
> *con el ladrido de un perro.*
>
> (Marco Denevi)

El pie lo da un grabado con torres y jacintos.

Tras siete años de guerra cayeron las banderas
igual que se rindieron los lirios asediados,
podridos por la lluvia paciente de los días,
tras un cerco tenaz de luna y torbellinos.

Y el caballero vuelve, coronado de sombras.

Viene de las regiones quemadas de la guerra,
de un tablero siniestro con sangre y con azufre.

El caballero vuelve del final de los tiempos.

No mira. Los recuerdos
le encadenan a un tiempo de incendios y celadas
que se clava en su frente como una rosa triste.
Lleva fijos los ojos en la crin del caballo.

Su carne macerada atravesó los puentes,
sintió la quemadura glacial de la derrota
que recorría su espalda con un terror de armiño
en la llanura ardiente de un ajedrez siniestro.

Desde allí el caballero contempla la espesura
fragosa de los montes, donde la noche tensa
su ballesta de hielo por las constelaciones.

Y ya no sueña nunca más que con los azores,
con corazas de fuego, con el rayo escarlata
del ejército ciego de los abismos.

Y oye el triple lamento
del águila, las brasas
que incendiaban los cuatro extremos de la tierra,
en su horizonte púrpura de alfil y apocalipsis.

Vuelta de paseo

(Con Thomas Hardy)

Era un buen poeta sin ser demasiado bueno.
Era moderno sin ser demasiado moderno.
                                                    (W.H. Auden)

Tras larga travesía, el paseante oscuro
mira el atardecer sin viento por los álamos.
Los límites del día perfilan la frontera
del mundo. Los marca una campana
que clausura la tarde del tedio por las cúpulas.

Arden sobre los médanos las últimas banderas
moradas del crepúsculo
con el olor maduro de septiembre en los huertos
y el aire pesa igual que una lápida fúnebre.

Pesa como el aceite de las primeras lámparas
en las manos de un viejo,
en el temblor de un torpe decorado de sombras.

Oscuro, el caminante contempla un resplandor:
el veneno de cobre del horizonte verde.
Las rosas fugitivas, las termitas, las losas
y un silencio sin alas son la estela del tiempo
en la noche amarilla de los líquenes fríos.

Gotean de los castaños
palabras invernales que afilan su fulgor
con la guadaña helada de la luna.

El pasajero nota su frío aliento blanco
y evoca una nevada que nombra al corazón:
la amargura de azogue que no levanta el vuelo
y pasa a ras de tierra como las aves negras.

Y late el corazón como un pájaro breve
invertebrado y solo como una letanía
de obstinada madera, semejante a la noche
en la dureza opaca de su silencio extenso.

Ada sin ardor

Este bosque, este musgo, tu mano, esta mariquita
que se ha posado en mi pierna, todo esto no puede
sernos arrebatado. ¿O puede? (Lo sería. Lo fue.)

(V. Nabokov)

La historia es conocida y sigue estremeciendo
como el viento inclemente de las estepas rusas
a las que pertenece.

Una muchacha aún siente
el latigazo dulce del placer en los muslos
y escribe largas cartas con la pluma encendida
del sol de los veranos, con la caligrafía
caliente del deseo,
con la sintaxis limpia y púber de la carne.

Con la efusión de cartas que no recibe nadie,
pues van a una remota dirección clausurada,
la pasión levantaba un puente de recuerdos,
alimentaba urgencias de bosques que caducan
por caminos de hierro y de barro muy negro
que hirieron de penumbra a ejércitos de bronce.

Cubierto por la nieve del tiempo y la distancia,
como aquellos soldados, se desplomó el deseo.
Sólo la imagen queda de aquella adolescente
que viviría en Moscú y sería desdichada.

Como aquella muchacha, con su flecha sin rumbo
y una rama marchita de olivo y esperanza,

seguimos encendiendo las hogueras azules
en las cumbres heladas de viento y desamparo.

Seguimos escribiendo, bajo un cielo de nieve,
en este duro oficio de aprender a morir,
con la decolorada tinta del desconsuelo,
cartas apasionadas que no recoge nadie
a un buzón cancelado en el sur de Crimea.

Canción para un poeta muerto

Ojalá en el infierno
de tus últimos días te diera esta visión
un poco de dulzura, aunque no lo creo.
(Jaime Gil de Biedma)

Ya habrás cerrado un libro cuando calle en la tarde
la amarga voz lejana que habita en el poema
y en su eterno destierro.

No habrá jardín ni agosto,
ni posará la sombra su mano compasiva
en las páginas lentas de cuchillos morados.
Será una tarde inglesa con ausencia y llovizna.

¿Te acuerdas de la vida?
¿Dónde la selva, el cuerpo
frutal de los muchachos?

Tu trabajo es ahora el de enero en la playa,
el de abril en la sangre,
el trabajo paciente de noviembre en los huertos:
ordenar las arenas con la arterial paciencia
del mar cuando devuelve sus ahogados
y repasar sus nombres
en el ángulo ciego de la muerte,
bajo la flor nevada del almendro,
su esqueleto de hielo flotando entre la niebla
con los dioses inhóspitos de los años impares.

En el veneno lento de un reloj de mercurio,
el garabato turbio de la vida
perfila en verde un puente de palabras,
el óxido del tiempo,
el afilado galgo del paisaje
en el arte menor de la mañana.

Blade Runner

*Ardientes, los Ángeles se irguieron, y un trueno profundo
rodó por sus costas; e iban abrasados por los fuegos de Orc.*
(William Blake)

Es la versión del mundo de un dios en el destierro.

Sobre ruinas sin dueño, sobre un fundido en negro
de invierno y barrio chino
cae el silencio visible de los trenes fantasmas.

Con su luz encharcada, cae la niebla en la rueda
gutural de la noche.

Bajo el arco voltaico de un cielo de neón
las islas sin pasado tienen lunas diurnas,
dos árboles de plomo y un río de mercurio.

Trepa desde la ciénaga
su música cegada
en la blancura fría del acero
y enmohece la memoria con sus contornos blandos.

El halo sin estrellas de una lluvia prehistórica
trae una húmeda amnesia de hongos y minotauros
a la ciudad sin sueño.

Bajo la impar mirada amarilla del búho
sube el silencio turbio sobre el nivel del mal
al abismo industrial y a escaleras de escarcha
en esta noche eterna del sentido
que alimenta en su infierno futurista
el oscuro oleaje de la vida.

Ausencia de la tarde

Del lobo trazaré
este único retrato pensativo.
(René Char)

Al entrar en la casa un paraguas recuerda
que no serán tus ojos los que miren la lluvia
bajo esta luz nevada.

Esta tarde serena ya ha renunciado al énfasis
y flota en el naufragio del fuego de otras tardes
el bramante sin dueño del ave del silencio.

Los cuadros, las ventanas,
el dulce baluarte secreto, las formas variables
del dolor en el torso maduro de los tilos,
bajo los siete vientos que acosaban al mundo.

Y este silencio lento por el que se desploma
la luz de cada tarde.
Luz llagada de sombras que huye donde los lobos
a lamer sus heridas en el fondo del bosque
mientras baja la niebla como un zarpazo blanco.

Mientras crece en el pecho la raíz del rencor
como la avena loca a orillas del Henares,
detrás de la ventana el recuerdo separa
el mundo de los muertos del mundo de los vivos.

Todo es hueco y las balas siguen sonando lejos.

Soy un hombre que mira

cuán bella y fieramente ruge el viento de la vida.
(Félix Grande)

En el vitral ardiente de un plano que no entiendo,
soy un hombre que mira a través de la lluvia,
más allá de la hoguera,
el bosque iluminado por un rayo que llega,
desde la lejanía azul de las montañas,
a dejar la fugaz herida de su lanza
en la nube que pasa.

En la hora de los astros, soy un hombre que escucha
la transparencia fría del bronce en la campana,
su órbita de cristales en el arco del tiempo.

Antes de que la noche se apacigüe en la cima
del pino, entre las ramas de los robles sin viento,
silbando está en el bosque la serpiente del frío
y el paisaje se ha abierto en cavernas de enigma.

Suena la tarde extensa en la luz del molino
y el crespón luminoso de un pájaro incendiado
huye hacia los colores quietos sobre los lirios.

Soy un hombre que olvida los agravios del mármol,
el dolor del caballo en los ojos opacos
de sus días impares, su estertor por la sangre
oculta del deseo.

Soy la luz temblorosa cuando tiembla la tarde,
la voz iluminada que ilumina el paisaje,
la serena mirada de una estatua sin sombra,
la cripta indescifrable de una noche extranjera.

ENVÍO

El lector, un paisaje es para Serafín Portillo y el grupo de lectores con los que compartí una tarde otoñal de luz blanca y poesía.

Pastoral de otoño con Leopardi debe tanto al poeta de Recanati como a *La sierra desvelada* de Santiago Castelo.

Estela ática está escrita para recordar a Dulce Chacón.

Díptico barroco es para José Antonio Ramírez Lozano, ese nieto entrañable de Valdés Leal y su mundo de Mañaras y sacristanes.

La espina de nieve es para Basilio Sánchez, en la común admiración por Rilke.

Extraño en Spoon River es para Julián Rodríguez, a quien le oí hablar hace mucho de Lee Master.

Soy un hombre que mira es para Félix Grande y Francisca Aguirre, con la complicidad de una amistad tan ancha como su mirada y su poesía.

Preludio para leer a Wordsworth es para Álvaro Valverde, el más inglés de nuestros poetas, por tantas horas.

Juan Carlos Mestre entenderá mejor que nadie la *Canción para un poeta muerto*.

Al leer a TS Eliot es para Miguel Ángel Lama, que sin saberlo me empujó a escribirlo.

Vuelta de paseo es para Carlos Guardiola y Blanca, en su otoño más frío.

Blade Runner ya era para Tomás Pavón cuando no pasaba de ser un borrador.

Para Moisés Pascual, novelista y amigo y lector generoso, es *Ada sin ardor.*

Atardecer en Praga es mi forma de agradecer a Gonzalo Hidalgo el despliegue generoso de su inteligencia.

Para Manolo Carrapiso, en la raíz más honda de mi afecto, es *Las torres de Tubinga*, capital del conocimiento.

Estatua en el jardín, con su lluvia levemente sentimental, es para José Antonio Zambrano.

Para Fernando Pérez, in memoriam, y para Susi es *El fuego y la rosa.*

Y todo el libro, y sobre todo *Paul Celan y los trenes*, es para Rosalía, mi primera lectora, quien mejor me interpreta.

ÍNDICE

El lector, un paisaje 9

Paul Celan y los trenes 11

Fin de viaje 13

Robert Walser bajo la nieve 14

Lear bajo la tormenta 16

Nocturno en Elsinore 18

Niebla hacia la niebla 19

Huerto deshecho 21

Pastoral de otoño 23

Las torres de Tubinga 25

Al leer a T. S. Eliot 27

L. C. contempla el crepúsculo 32

Atardecer en Praga 33

El humo de las rosas 34

Estatua en el jardín 36

Oscura hueste 37

Lluvia de fuego en Nínive 39

Extraño en Spoon River 40

La espina de nieve 42

Inferno 43

Estela ática 44

Preludio para leer a Wordsworth 46

Arquitectura del silencio 48

Leyenda de ciertas ropas antiguas 50

Por donde van los pájaros 52

Fundación de la mentira 53

Oficio de tinieblas 55

El fuego y la rosa 56

Díptico barroco 58

El caballero y la muerte 62

Vuelta de paseo................................ 64

Ada sin ardor 66

Canción para un poeta muerto 68

Blade Runner 70

Ausencia de la tarde 71

Soy un hombre que mira 72

Envío... 75